PC240425

STATUTS DE
L'INSTITUT INTERMÉDIAIRE
INTERNATIONAL À LA HAYE

1918

L'Institut Intermédiaire International.

Pour la première fois depuis le commencement de la guerre, le samedi 19 janvier 1918 le Palais de la Paix à La Haye a réuni dans ses murs une assemblée notable en séance solennelle sous la présidence du Ministre d'Etat S.-Exc. le Jonkheer Dr. A. P. C. van Karnebeek.

Ce ne fut point une assemblée internationale qui s'y trouvait. C'étaient exclusivement des Néerlandais, des autorités en droit international, le Ministre des Affaires Etrangères à leur tête, hommes d'Etat, savants, hauts fonctionnaires et les grands représentants du commerce et de l'industrie, de la navigation et de la haute finance. Bref, des Néerlandais de première importance, ayant leurs relations personnelles ou commerciales dans toutes les parties du globe.

Leur dessein n'était pas de se mêler de quelque façon au cours des événements mondiaux. Il serait au delà de leur pouvoir d'influencer ces derniers; — d'ailleurs ils n'avaient nullement l'intention de prêter la main à quelque préparation intermédiaire de la paix si ardemment désirée.

Néanmoins leur travail est un travail pacifique par excellence, destiné à rendre des services internationaux de nature impartiale et désintéressée dans le sens le plus strict du mot, non seulement après, mais même pendant la guerre.

Comme l'a démontré le Président du Conseil d'Administration, M. le Dr. B. C. J. Loder, conseiller à la Cour de Cassation des Pays-Bas, à la séance d'ouverture, l'Institut Intermédiaire International se propose de créer un bureau d'information, destiné à procurer, au profit de tout le monde, des informations scientifiques, pratiques et complètes sur tout sujet de droit international public ou privé, de législation, de jurisprudence, de traités, de questions économiques, de données statistiques, bref sur tout ce qui appartient au retour des relations internationales de toutes les nations du monde.

Ce sera une institution de caractère purement et exclusivement néerlandais, par laquelle la Hollande veut poursuivre la tâche historique, à laquelle tant de ses fils ont voué leurs meilleures forces.

Déjà un capital considérable, exclusivement néerlandais, s'est formé.

Grand nombre de savants néerlandais, inspirés par leur foi dans les principes de droit et d'humanité, ont offert leur parole pour une collaboration désintéressée au profit de tous les peuples, les institutions, les personnes qui voudront travailler, de quelque façon que ce soit, à la réalisation du même but.

L'Institut veut mettre à leur disposition, gratuitement, l'emploi du vaste matériel d'étude et d'information qu'il possèdera, et qui s'augmentera incessamment par le dévouement et l'énergie de ses collaborateurs, dont le Gouvernement Néerlandais en premier lieu.

„Bureau mondial d'information", ainsi la nouvelle institution fut caractérisée par le Ministre des Affaires Etrangères, S.-E. le Jonkheer Dr. J. Loudon, lorsqu il annonçait dans la séance d'ouverture l'intention du Gouvernement Néerlandais de proposer aux Etats-Généraux de concourir au but élevé par une donation et un subside annuel.

Né sous d'heureux auspices, mais dans des circonstances ardues, l'Institut pourra rendre à l'humanité des services inestimables, s'il trouve dans le monde l'estime et le concours auxquels il a le droit de compter pour la réalisation de son but idéal. *)

---

*) L'Institut a domicile à La Haye, 3 Oude Scheveningsche Weg.

STATUTS

de

L'Institut Intermédiaire International

à La Haye.

Article 1.

1. La fondation porte le nom de:

   „Institut Intermédiaire International".

2. Le siège est à La Haye.
3. Le droit néerlandais lui est applicable.

Art. 2.

1. Le but de la fondation est de fournir des renseignements pour toute affaire d'intérêt international ne présentant pas un caractère secret ou particulier, soit sur le droit des gens, le droit national ou international et son application, soit sur des questions économiques et statistiques ou de politique commerciale.
2. Ces renseignements sont fournis gratuitement, sauf dans les cas prévus à l'article 19.

Art. 3.

1. Sous la surveillance d'un Conseil Protecteur la fondation est administrée par un Conseil d'Administration.

Des Fondateurs, Donateurs et Patrons.

Art. 4.

1. Les Fondateurs-Donateurs sont ceux qui ont souscrit ou promis de souscrire pour la création de l'Institut une somme de 5000 fls au moins.

2. Les Fondateurs-Patrons sont ceux qui ont souscrit ou promis de souscrire pour la création de l'Institut une somme inférieure à 5000 fls.

3. Les Donateurs sont ceux qui, après la création, souscrivent une somme de 5000 florins au moins.

4. Les Patrons sont ceux qui, après la création, souscrivent une somme moindre, à fixer ultérieurement par le Conseil d'Administration.

Du Conseil Protecteur.

Art. 5.

1. Le Conseil Protecteur comporte au moins cinquante membres. Quatre cinquièmes des membres doivent être sujets néerlandais.

2. Les membres du Conseil sont nommés par le Conseil lui-même. Il n'est tenu de suppléer aux vacances que si le nombre de 50 membres n'est pas atteint.

3. Chacun est éligible comme membre du Conseil Protecteur. Néanmoins, les Fondateurs-Donateurs, les Donateurs et les Administrateurs ou Directeurs d'entreprises ou institutions ayant une des qualités susnommées sont éligibles de préférence.

4. Les membres sont choisis pour une période de çinq années. La date de leur départ sera fixée par un tableau de roulement à établir ultérieurement.

5. Au cas où, par suite de décès, de démission, ou pour toute autre cause, une vacance se produit et que l'on nomme

un remplaçant, le nouvel élu prendra dans le tableau de roulement la place de son prédécesseur.

6. Les membres sortants sont immédiatement rééligibles.

Art. 6.

1. Le Conseil choisit parmi ses membres un Président et un Secrétaire, ainsi que leurs suppléants, pour un terme de trois ans chaque fois. A l'expiration de ce terme, ils sont immédiatement rééligibles.

2. Le Conseil est autorisé à nommer un ou plusieurs Présidents d'Honneur.

Art. 7.

1. Le Conseil se réunit au moins deux fois par an, aux mois de Mai et de Décembre, et peut en outre être réuni par le Président aussi souvent que celui-ci le juge nécessaire ou que dix membres au moins en font la demande.

2. Le Secrétaire est chargé de convoquer les membres par écrit, au moins quatorze jours francs avant l'assemblée. Le Président peut réduire ce terme mais doit dans ce cas en mentionner les raisons dans la lettre de convocation.

3. La lettre de convocation mentionne les sujets à traiter.

4. Chaque membre est autorisé à faire compléter le programme des séances si, dix jours au moins avant l'assemblée, il a fait connaître ce désir au Président. Dans ce cas les membres doivent recevoir huit jours au moins avant l'assemblée un programme complémentaire.

5. Les propositions portées au programme doivent être, à moins que le Président ne juge l'affaire en question d'intérêt inférieur, mises, huit jours avant l'assemblée, à la disposition des membres pour qu'ils puissent en prendre connaissance.

6. Si sept membres au moins ne sont pas présents à l'assemblée, aucune décision ne peut être prise.

7. Les décisions sont prises à la majorité absolue des voix.

A parité de voix, le Président décide s'il s'agit d'une affaire
et l'on tire au sort s'il s'agit d'une personne.

8. Le Secrétaire dresse procès-verbal des débats de
l'assemblée.

9. Ce qui ne serait pas prévu précédemment concernant
l'ordre des assemblées, sera réglementé par le Conseil Protecteur, au besoin, par réglement d'ordre intérieur.

Art. 8.

1. Les affaires au sujet desquelles une décision n'a pu être
prise parce que l'assemblée n'était pas en nombre, ou celles
pour lesquelles, de l'avis du Président, une réunion des
membres est inutile, vu leur peu d'importance, peuvent être
soumises à la décision des membres par lettre circulaire.
Les réponses écrites doivent être conservées et l'on doit
prendre note de la discussion sur le registre des procès-
verbaux.

Du Conseil d'Administration.

Art. 9.

1. Le Conseil d'Administration comporte au moins douze
et au plus vingt membres. Quatre cinquièmes des membres
doivent être sujets néerlandais.

2. Le Conseil Protecteur nomme les membres du Conseil
d'Administration et y choisit un Président.

3. S'il se produit des vacances, il n'est tenu d'y suppléer
que si le nombre de douze membres n'est pas atteint.

4. Les paragraphes 4, 5, 6 de l'article 5 sont applicables.

Art. 10.

1. Les assemblées du Conseil d'Administration sont convo-
quées par le Président aussi souvent qu'il le juge nécessaire
ou sur demande écrite d'au moins trois membres.

2. Si cinq membres au moins ne sont présents, aucune décision ne peut être prise.

3. Les décisions sont prises à la majorité absolue des voix. A parité de voix le Président décide s'il s'agit d'une affaire et l'on tire au sort s'il s'agit d'une personne. Les points non prévus précédemment concernant la convocation et l'ordre des assemblées, seront réglementés par le Conseil d'Administration, au besoin, par réglement d'ordre intérieur.

4. Le Conseil choisit un Président suppléant, un Secrétaire et un Trésorier, ainsi que les suppléants de ces deux derniers, parmi ses membres.

5. L'article 8 est applicable.

Art. 11.

1. Le Conseil d'Administration représente la Fondation légalement et extra-légalement. Toutes lettres, pièces ou actes émanant du Conseil, ou engageant sa responsablité, doivent porter la signature du Président et du Secrétaire.

Art. 12.

1. Le Conseil d'Administration gère le capital et la caisse de la Fondation sous la surveillance et suivant les instructions du Conseil Protecteur.

2. L'administration est placée sous le contrôle d'un expert-comptable choisi par le Conseil Protecteur. Il fait rapport à ce Conseil au moins une fois par an.

Art. 13.

1. Nonobstant ce qui est fixé à l'article 11, le Conseil d'Administration ne peut agir sans mandat spécial du Conseil Protecteur lorsqu'il s'agit de dépenses s'élevant à vingt cinq mille florins ou plus, ou de dépenses revenant périodiquement de cinq mille florins ou plus.

Art. 14.

1. Le Conseil d'Administration soumet chaque année, avant le 15 Octobre, un projet de budget de recettes et de dépenses pour l'année suivante.

2. Le Conseil Protecteur établit le budget dans son assemblée de Décembre. Le Conseil d'Administration assiste à cette assemblée et donne ses avis.

3. Pour toute modification au projet de budget de dépenses, le Conseil d'Administration doit obtenir l'autorisation du Conseil Protecteur.

Art. 15.

1. Le Conseil d'Administration doit, chaque année, rendre compte et donner justification des recettes et des dépenses qui ont eu lieu pendant l'année écoulée.

2. Il rend compte en même temps de sa gestion et de l'état des finances de la Fondation.

3. Le Conseil Protecteur décide dans son assemblée de Mai au sujet des comptes et justifications. Le Conseil d'Administration assiste à cette assemblée et donne ses avis. L'approbation des comptes sert de décharge au Conseil d'Administration.

Du Comité Exécutif.

Art. 16.

1. Le Conseil d'Administration nomme parmi ses membres un Comité Exécutif comportant au moins sept et au plus dix membres, d'après des règles à établir ultérieurement par le Conseil d'Administration. La nomination peut être faite de telle sorte que les membres du Conseil, dans une même année, siègent tour à tour dans le Comité Exécutif.

2. Le Président, le Secrétaire et le Trésorier du Conseil d'Administration sont membres du Comité Exécutif et y remplissent les mêmes fonctions.

Art. 17.

1. Aux assemblées du Comité Exécutif sont applicables le huitième paragraphe de l'article 7, l'article 8 et les trois premiers paragraphes de l'article 10, étant entendu qu' aucune décision ne peut être prise sans que trois membres au moins soient présents à l'assemblée. Le Comité Exécutif établit, au besoin, lui-même son réglement d'ordre intérieur.

Art. 18.

1. Le Comité Exécutif est autorisé à exécuter toute opération dont l'objet ne dépasse pas mille florins ou, pour des dépenses revenant périodiquement, deux cent cinquante florins. En cas de doute à ce sujet le Comité Exécutif s'adresse au Conseil d'Administration, qui décide.

Art. 19.

1. Par dérogation à ce qui est fixé à l'article 2, second paragraphe, le Comité Exécutif peut, sur la proposition ou après avis du Directeur, ne fournir de renseignements que contre rétribution, mais à condition que cette rétribution ne dépasse pas le montant des frais à faire.

Art. 20.

1. Deux ans après l'établissement de la Fondation, le Comité Exécutif, vu l'avis du Directeur, fait rapport au Conseil d'Administration au sujet de l'édition d'un Bulletin de la Fondation, concernant un ou plusieurs des sujets désignés à l'article 2. Le Conseil d'Administration décide, au besoin, en tenant compte de ce qui est fixé à l'article 13.

Du Directeur et du personnel de la Fondation.

Art. 21.

1. Les travaux de la Fondation sont dirigés par un Directeur, sous le contrôle du Comité Exécutif.

2. Il est nommé par le Conseil d'Administration, qui fixe ses appointements et établit ses fonctions. Son départ est décidé par le Conseil d'Administration.

3. Le Directeur doit être sujet néerlandais.

4. Le Comité Exécutif peut autoriser le Directeur à exécuter toute opération concernant les dépenses courantes.

Art. 22.

Si le Conseil Protecteur, le Conseil d'Administration ou le Comité Exécutif le désire, le Directeur est tenu d'assister aux assemblées, pour donner ses avis ou fournir des renseignements.

Art. 23.

1. Les autres fonctionnaires et employés de la Fondation et ses Correspondants nationaux et étrangers sont nommés par le Conseil d'Administration qui établit leurs fonctions.

De la Modification des Statuts de la Fondation.

Art. 24.

1. Le Conseil Protecteur peut, le Conseil d'Administration étant entendu, apporter des modifications aux prescriptions des présents statuts.

2. Ces décisions ne peuvent être prises qu'à la majorité absolue des voix dans les assemblées du Conseil, deux tiers au moins des membres étant présents.

3. Les débats des assemblées et l'adoption de la modification des statuts, doivent être établis par un acte notarié, rédigé avant la fin de la séance. Un notaire et ses témoins assistent aux assemblées.

De la Dissolution de la Fondation.

Art. 25.

1. Si, à une certaine époque, il apparait que la Fondation ne répond plus à son but, le Conseil Protecteur, après avis

du Conseil d'Administration, prononcera la dissolution de la Fondation et fixera la destination de ce qui lui appartient. Des décisions à ce sujet ne seront valables que si elles sont prises en assemblée et si quatre cinquièmes au minimum des membres qui font partie du Conseil s'y sont rangés.

2. Le Conseil Protecteur nomme une commission de liquidation de cinq membres au plus, soit parmi ses membres, soit parmi ceux du Conseil d'Administration, ou parmi ceux des deux Conseils réunis. Le Conseil Protecteur établit les règles d'après lesquelles se feront la liquidation ainsi que les réglements et justifications de comptes. Ces décisions sont prises à la majorité ordinaire des voix dans l'assemblée où la dissolution a été décidée.

3. Le troisième paragraphe de l'article 24 sera appliqué de façon équivalente.

Disposition transitoire.

Art. 26.

Au moment de la création de l'Institut, font fonction:

a. de Président d'Honneur du Conseil Protecteur:
S.-E. le Jonkheer Dr. J. Loudon, Ministre des Affaires Etrangères;

de membres du Conseil Protecteur:
1º. M. le Jonkheer Dr. A. P, C. van Karnebeek, Ministre d'Etat, à La Haye, *Président;*
2º. M. le Jonkheer Dr. A. F. de Savornin Lohman, Ministre d'Etat, Membre de la Seconde Chambre des Etats Généraux, à La Haye, *Président-Suppléant;*
3º. M. le Dr. W. H. de Beaufort, Membre de la Seconde Chambre des Etats Généraux, à La Haye;
4º. M. Arnold S. van den Bergh, directeur de Van den Bergh's Ltd., à Rotterdam;
5º. M. D. G. van Beuningen, directeur de la Steenkolenhandelsvereeniging, à Utrecht;

6⁰. M. le Dr. J. Bierens de Haan, directeur de la Nederlandsche Handelmaatschappij, à Amsterdam;
7⁰. M. J. J. Th. Blijdenstein, directeur de la Twentsche
Bank, à Amsterdam;
8⁰. M. le Jonkheer Dr. E. N. de Brauw, avocat, à La
Haye;
9⁰. M. H. Th. Cox, directeur de la Hollandsche Stoomboot-Maatschappij, à Amsterdam;
10⁰. M. Herbert Cremer, directeur de la Deli-Maatschappij, à Amsterdam;
11⁰. M. le Dr. Chr. P. van Eeghen, membre de la maison
van Eeghen & Co., à Amsterdam;
12⁰. M. le Dr. D. P. D. Fabius, professeur à l'Université
libre, à Amsterdam;
13⁰. M. le Dr. Th. A. Fruin, avocat, à Rotterdam;
14⁰. M. A. J. M. Goudriaan, directeur de Van Nievelt,
Goudriaan & Co's Stoomvaartmaatschappij, à Rotterdam;
15⁰. M. J. van Hasselt, directeur de la Koninklijke
Nederlandsche Stoombootmaatschappij, à Amsterdam;
16⁰. M. le Dr. Th. Heemskerk, membre du Conseil d'Etat,
à La Haye;
17⁰. M. Carel Henny, directeur en chef de la Assurantie-
maatschappij tegen Brandschade en op het Leven,
„De Nederlanden" van 1845, à La Haye;
18⁰. M. C. M. Herckenrath, directeur de la Deli-Spoorwegmaatschappij, à Amsterdam;
19⁰. M. J. van Hoboken Azn., membre de la maison
A. van Hoboken & Co., à Rotterdam;
20⁰. M. le Dr. S. van Houten, ancien Ministre de l'Intérieur, à La Haye;
21⁰. M. le Dr. D. Josephus Jitta, membre du Conseil
d'Etat, à La Haye;
22⁰. M. J. B. A. Jonckheer, directeur de la Stoomvaart-
maatschappij Nederland, à Amsterdam;

23°. M. Anton Jurgens Hzn., directeur de Ant. Jurgens' Vereenigde Fabrieken, à Nimègue;

24°. M. J. H. Kann, directeur de la maison de banque Lissa & Kann, à La Haye;

25°. M. le Dr. J. Kappeyne van de Coppello, avocat, à Amsterdam;

26°. M. le Jonkheer Dr. H. A. van Karnebeek, bourg-mestre de La Haye;

27°. M. W. T. Klaare, directeur du American Petroleum Company, à Rotterdam;

28°. M. le Dr. Ph. Kleintjes, professeur à l'Université de Groningue;

29°. M. le Dr. R. Kranenburg, professeur à l'Université d'Amsterdam;

30°. M. A. G. Kröller, membre de la maison Wm. H. Müller & Co., à La Haye;

31°. M. le Dr. J. A. Loeff, membre de la Seconde Chambre des Etats Généraux, à La Haye;

32°. M. le Jonkheer H. Loudon, directeur de la Koninklijke Nederlandsche Maatschappij tot Exploitatie van Petroleumbronnen in Nederlandsch-Indië, à La Haye;

33°. M. le Dr. J. de Louter, professeur à l'Université d'Utrecht;

34°. M. Robert May, membre de la maison Lippmann Rosenthal & Co., à Amsterdam;

35°. M. A. C. Mees, directeur de la Internationale Crediet- en Handels-Vereeniging „Rotterdam", à Rotterdam;

36°. M. le Dr. W. A. Mees, membre de la maison R. Mees & Zoonen, à Rotterdam;

37°. M. le Dr. H. W. Methorst, Secrétaire-Général de l' „Institut International de Statistique" et Directeur de „l'Office Permanent" de l'Union Internationale de Statistique, à La Haye;

38º. M. le Dr. J. L. Nierstrasz, directeur de la Eerste
Nederlandsche Verzekeringmaatschappij op het
Leven en tegen Invaliditeit, à La Haye;
39º. M. H. E. Oving, à Scheveningue;
40º. M. le Dr. A. Plate, membre des Etats Provinciaux
de la Hollande du Sud, président-commissaire de
la Rotterdamsche Bankvereeniging, à Rotterdam;
41º. M. le Jonkheer Otto Reuchlin, président-directeur
de la Holland-Amerika-lijn, à Rotterdam;
42º. M. J. P. van Rossum, directeur de la Algemeene
Suikermaatschappij, à Breda;
43º. M. Bern. E. Ruys, directeur de la Stoomvaart-Maatschappij „Rotterdamsche Lloyd", à Rotterdam;
44º. M. H. Salomonson Gzn., directeur de la Koninklijke
Stoomweverij „Nijverdal", à Almelo;
45º. M. H. G. Schadd, directeur de la Nederlandsch-
Indische Handelsbank, à Amsterdam;
46º. M. J. H. Schaper, membre de la Seconde Chambre
des Etats Généraux, à Rijswijk;
47º. M. E. L. C. Schiff, directeur de la Rubberfabriek
„Vredestein" (Loosduinen), à Scheveningue;
48º. M. J. E. Scholten, à Groningue;
49º. M. le Jonkheer A. R. Schuurbeque Boeye, président-
commissaire de la Zuid-Hollandsche Bierbrouwerij,
à La Haye;
50º. M. H. Smidt van Gelder, directeur des Vereenigde
Koninklijke Papierfabrieken der Firma van
Gelder & Zonen, à Amsterdam;
51º. M. Felix Stokvis, président-directeur de R. S. Stokvis Zonen Ltd., à Rotterdam;
52º. M. C. F. Stork, membre de la maison Gebroeders
Stork & Co., à Hengelo;
53º. M. le Dr. A. A. H. Struycken, membre du Conseil
d'Etat, à La Haye;
54º. M. le Dr. A. G. N. Swart, président de la Internationale Vereeniging voor de Rubbercultuur in

Nederlandsch-Indië et Directeur de la N. V. Vereenigde Indische Cultuur-ondernemingen, à La Haye;

55⁰. M. J. W. C. Tellegen, bourgmestre d'Amsterdam;

56⁰. M. W. van der Vorm, directeur de la Scheepvaart- en Steenkolenmaatschappij, à Rotterdam;

57⁰. M. W. Westerman, president de la Rotterdamsche Bankvereeniging, à Rotterdam;

58⁰. M. J. Wilmink, directeur de la Koninklijke Hollandsche Lloyd, à Amsterdam;

59⁰. M. J. H. Wilton, directeur de Wilton's Machinefabriek en Scheepswerf, à Rotterdam;

60⁰. M. J. Yssel de Schepper, directeur de la Koninklijke Stearinekaarsenfabriek „Gouda", à Gouda;

61⁰. M. le Dr. A. R. Zimmerman, bourgmestre de Rotterdam;

62⁰. M. le Dr. H. C. Dresselhuys, membre de la Seconde Chambre des Etats Généraux, à La Haye, *Secrétaire;*

63⁰. M. F. van Alphen, membre de la maison Oppenheim & van Till, à La Haye, *Secrétaire-Suppléant;*

b. de membres du Conseil d'Administration:

1⁰. M. le Dr. B. C. J. Loder, conseiller à la Cour de Cassation des Pays-Bas, à La Haye, *Président;*

2⁰. M. le Dr. G. Vissering, président de la Nederlandsche Bank, à Amsterdam, *Président-Suppléant;*

3⁰. M. le Dr. D. W. K. de Roo de la Faille, directeur de la Trust- en Safe-Maatschappij, à La Haye, *Trésorier;*

4⁰. M. le Dr. R. V. Bakker, avocat et avoué, à La Haye, *Trésorier-Suppléant;*

5⁰. M. le Dr. C. D. Asser Jr., avocat et dispacheur, à Amsterdam;

6⁰. M. le Dr. G. W. J. Bruins, recteur de la Nederlandsche Handelshoogeschool, à Rotterdam;

7⁰. M. le Jonkheer Dr. W. J. M. van Eysinga, professeur
     à l'Université de Leyde;

8⁰. M. le Baron Dr. D. W. van Heeckeren, chef de divi-
     sion au Ministère des Affaires Etrangères, à La
     Haye;

9⁰. M. le Dr. J. Kosters, Conseiller à la Cour de Cassa-
     tion des Pays-Bas, à La Haye;

10⁰. M. le Dr. K. P. van der Mandele, directeur de la
      Rotterdamsche Bankvereeniging, à Rotterdam;

11⁰. M. le Dr. R. Mees, membre de la maison R. Mees
      & Zoonen, à Rotterdam;

12⁰. M. C. E. ter Meulen, membre de la maison Hope &
      Co., à Amsterdam;

13⁰. M. le Dr. P. C. Molhuysen, sous-directeur de la
      Bibliothèque du Palais de la Paix, à La Haye;

14⁰. Mlle Dr. E. R. Oppenheim, conservatrice à la
      Bibliothèque du Palais de la Paix, à La Haye;

15⁰. M. le Dr. H. M. A. Schadee, avocat et notaire,
      à Rotterdam;

16⁰. M. le Jonkheer Dr. A. M. Snouck Hurgronje, Chef
      de division au Ministère des Affaires Etrangères,
      à La Haye;

17⁰. M. le Dr. L. E. Visser, Conseiller à la Cour de Cassa-
      tion des Pays-Bas, à La Haye;

18⁰. M. le Dr. C. van Vollenhoven, professeur à l'Uni-
      versité de Leyde;

19⁰. M. le Dr. C. Th. Krabbe, à La Haye (8, Klatteweg).
      Secrétaire.

20⁰. Mlle Dr. Ch. A. van Manen, à La Haye, *Secrétaire-
      Suppléante;*

c. de membres du Comité Exécutif:

> M. le Dr. B. C. J. Loder.
> M. le Jonkheer Dr. W. J. M. van Eysinga.
> M. le Baron Dr. D. W. van Heeckeren.
> M. le Dr. J. Kosters.

Mlle Dr. Ch. A. van Manen.
M. le Dr. P. C. Molhuysen.
Mlle Dr. E. R. Oppenheim.
M. le Dr. D. W. K. de Roo de la Faille.
M. le Dr. C. van Vollenhoven.
M. le Dr. C. Th. Krabbe.

d. de Directeur:

M. le Dr. J. G. Blink.

Fondateurs-Donateurs et Fondateurs-Patrons

de

l'Institut Intermédiaire International,

le 19 janvier 1918.

A. Fondateurs-Donateurs:

1º. Algemeene Suikermaatschappij à Breda;
2º. American Petroleum Company à Rotterdam;
3º. Assurantie-Maatschappij tegen Brandschade en op het Leven „De Nederlanden" van 1845, à La Haye;
4º. Van den Bergh's Ltd. à Rotterdam;
5º. Deli-Maatschappij à Amsterdam;
6º. Deli-Spoorwegmaatschappij à Amsterdam;
7º. Van Eeghen & Co. à Amsterdam;
8º. Eerste Nederlandsche Verzekering Maatschappij op het Leven en tegen Invaliditeit à La Haye;
9º. A. van Hoboken & Co. à Rotterdam;
10º. Holland-Amerikalijn à Rotterdam;
11º. Hollandsche Stoomboot-Maatschappij à Amsterdam;
12º. Hope & Co. à Amsterdam;
13º. Internationale Crediet- en Handelsvereeniging „Rotterdam" à Rotterdam;
14º. Java-China-Japan Lijn à Amsterdam;
15º. Ant. Jurgens' Vereenigde Fabrieken à Nimègue;
16º. Koninklijke Hollandsche Lloyd à Amsterdam;
17º. Koninklijke Nederlandsche Maatschappij tot Exploitatie van Petroleumbronnen in Nederlandsch-Indië à La Haye;

18⁰. Koninklijke Nederlandsche Papierfabrieken der
Firma Van Gelder & Zonen à Amsterdam;

19⁰. Koninklijke Nederlandsche Stoomboot-Maatschappij
à Amsterdam;

20⁰. Koninklijke Paketvaart-Maatschappij à Amsterdam;

21⁰. Koninklijke Stearine-Kaarsenfabriek „Gouda" à
Gouda;

22⁰. Koninklijke Stoomweverij „Nijverdal" à Almelo;

23⁰. Lippmann Rosenthal & Co. à Amsterdam;

24⁰. R. Mees & Zoonen à Rotterdam;

25⁰. Wm. H. Müller & Co. à La Haye;

26⁰. Nederlandsche Bank à Amsterdam;

27⁰. Nederlandsche Handel-Maatschappij à Amsterdam;

28⁰. Nederlandsch-Indische Handelsbank à Amsterdam;

29⁰. Van Nievelt, Goudriaan & Co's Stoomvaart-Maatschappij à Rotterdam;

30⁰. Oppenheim en van Till à La Haye;

31⁰. M. H. E. Oving à Scheveningue;

32⁰. Rotterdamsche Bankvereeniging à Rotterdam;

33⁰. Rotterdamsche Lloyd à Rotterdam;

34⁰. Rubberfabriek „Vredestein" à Loosduinen;

35⁰. Scheepvaart en Steenkolenmaatschappij à Rotterdam;

36⁰. M. J. E. Scholten à Groningue;

37⁰. Steenkolenhandelsvereeniging à Utrecht;

38⁰. R. S. Stokvis & Zonen Ltd. à Rotterdam;

39⁰. Stoomvaart-Maatschappij „Nederland" à Amsterdam;

40⁰. Gebrs. Stork & Co à Hengelo;

41⁰. Twentsche Bank à Amsterdam;

42⁰. Wilton's Machinefabriek en Scheepswerf à Rotterdam;

43⁰. Zuid-Hollandsche Bierbrouwerij à La Haye;

B. Fondateurs-Patrons:

1⁰. Billiton-Maatschappij à La Haye;

2º. Erven de Weduwe J. van Nelle à Rotterdam;
3º. Heldring & Pierson à La Haye;
4º. Lissa & Kann à La Haye;
5º. N. N. à La Haye;
6º. Nederlandsche Bankinstelling voor waarden belast
met vruchtgebruik en periodieke uitkeeringen,
à La Haye;
7º. M. C. A. P. van Stolk à Wassenaar.